Question de rire
140 petites énigmes

Éditions de la Paix

SODEC
Québec

The Canada Council for the Arts | Le Conseil des Arts du Canada

Nous remercions
le Conseil des Arts du Canada
de l'aide accordée
à notre programme de publication.

Charles-É. Jean

Question de rire

140 petites énigmes

Illustration
Philippe Arseneau Bussières
Julie Saint-Onge Drouin

Collection Petite école amusante, no 5

Éditions de la Paix

pour la beauté des mots et des différences

Dépôt légal 4e trimestre 2000
Bibliothèque nationale du Québec
Bibliothèque nationale du Canada
Imprimé au Canada

Illustration Philippe Bussières
Julie Saint-Onge Drouin
Conception graphique Marie-Soleil Fraser
Révision Jacques Archambault

Éditions de la Paix
127, rue Lussier
Saint-Alphonse-de-Granby, QC J0E 2A0
Téléphone et télécopieur (450) 375-4765
Courriel **info@editpaix.qc.ca**
Site Web **http://www.editpaix.qc.ca**

Données de catalogage avant publication
(Canada)

Jean, Charles-É., 1941-

Question de tire, 140 petites énigmes
(Collection Petite école amusante)
ISBN 2-922565-01-7
1. Devinetttes et énigmes françaises.
2. Jeux intellectuels.
I. Titre II. Collection.

PN6372.J42 2000 793.73 C00-941471-1

DU MÊME AUTEUR

Des activités mathématiques pour une classe. Éditions du Losange, 1973.

Mini-jeux magiques. Éditions du Losange, 1974.

Distractions mathématiques. Éditions de l'Homme, 1977.

Initiation aux carrés magiques. Ministère de l'Éducation, 1981.

Évasions calculées. Modulo, 1982.

Enjeux de mots. Éditeq, 1986.

Au jeu ! GRMS, 1988.

Au royaume des chiffres. Éditeq, 1989.

Remue-méninges. Éditions de la Paix, 1994.

Drôles d'énigmes, Éditions de la Paix, 1996.

Jouons avec Beppo 3. En collaboration avec l'équipe du magazine *Les Débrouillards.* Héritage, 1996.

Jouons avec Beppo 4. En collaboration avec l'équipe du magazine *Les Débrouillards.* Héritage, 1997.

Articles dans le Bulletin AMQ

L'implantation des programmes de mathématique au secondaire, mars 1980.

Les nombres palindromes, mai 1981.

Les suites arithmétiques, octobre 1985.

Une nouvelle approche pour la construction de carrés magiques d'ordre 5, décembre 1988.

Les nombres trapézoïdaux, mars 1991.

En préparation

Dictionnaire des mathématiques récréatives.

Lexique de résolution de problèmes.

AVANT-PROPOS

Vous avez lu *Remue-méninges* et *Drôles d'énigmes*. Vous avez entre les mains un autre livre qui vous chatouillera les méninges. Cette fois, vous aurez un indice pour chaque énigme. Ne lisez pas immédiatement l'indice. Donnez-vous un bon moment de réflexion. Si l'idée lumineuse ne vient pas, alors consultez l'indice. Il vous inspirera probablement une bonne réponse.

Si vous voulez accroître votre plaisir, lisez le livre entre ami(e)s. Vous serez alors confronté à différentes interprétations de l'énigme. Le plaisir sera multiplié par le nombre de participants.

Attention ! Il vous est permis de le lire seul. Mais une chose est sûre, si vous allez à l'école, ne le lisez pas pendant les cours. Vous allez vous mettre à rire et l'enseignant sera heureux de vous le confisquer.

Bonne lecture !

Charles-É. Jean

1

Chaque printemps, avant la fonte des glaces, tous les poissons saluent le plus célèbre des leurs. Comment s'appelle ce poisson ?

Sa célébrité est passagère.

2

Quel est le jeu préféré des mille-pattes ?

En réalité, le mille-pattes n'a pas autant de pattes ; mais, c'est important pour l'énigme.

3

Je suis au centre de santé. Je me trouve quatrième en ligne. Qui suis-je ?

Je ne suis pas en difficulté.

4

Pichet aime beaucoup la bière et il en abuse. Il est en même temps assez gourmand. Son ami lui dit : *Je réfléchis, donc j'existe.* Pichet rétorque en reformulant la phrase d'après ce qu'il est. Quelle phrase Pichet dit-il ?

La bière prise de façon abusive a des répercussions sur la bedaine.

5

On illustre ici une expression. Quelle est-elle ?

Un seul suffit.

6

Chaque jour de la semaine, Beau Buste quitte son logement vers 7 h 45. Il marche un peu et prend un moyen de transport. Il marche encore un peu et arrive à son travail. Son lieu de travail est environ à 200 mètres de son logement. Quel moyen de transport Beau Buste prend-il ?

Beau buste n'est pas handicapé.

7

Comment appelle-t-on une personne qui fait de l'air ?

Elle ne se met pas à courir.

8

Calligraphe écrit à la main sur un parchemin des textes exprimant des vœux. Il devait écrire **EN MÉMOIRE DE**. Mais, il a plutôt écrit **EN MÉMO RE DE**. Il a oublié la lettre **I**.

Qu'est-ce qui est arrivé ?

Il n'a pas perdu la mémoire, mais pas loin.

9

Marinade trace 2 sur une feuille avec un crayon de feutre comme ceci :

Elle donne la feuille à Cornichon qui représente un 5 en une fraction de seconde. Comment Cornichon a-t-il fait ?

Cornichon n'a pas sorti son crayon.

10

Quel mot peut-on tirer de cette illustration ?

Ce n'est pourtant pas l'hiver.

11

Maladive a hâte de sortir de l'hôpital. Elle en fait part à sa copine qui lui dit :

— Tu peux t'en aller, si tu veux. Je partirai avec toi.

Sa copine a raison de lui dire cela. Pourquoi ?

La copine aurait pu rester à l'hôpital.

12

Amoureux a reçu 5 lettres d'amour de Dulcinée.

Deux lettres sont dans un classeur, 2 autres sont dans un tiroir de son bureau.

Trouvez la cinquième lettre d'amour.

Ne cherchez pas dans sa maison ni à son bureau.

13

Combien y a-t-il de bouteilles dans 10 caisses d'eau gazeuse vides, dont la capacité est de 6 bouteilles pleines chacune ?

Regardez dans une caisse.

14

Berluette est un peu maladroite. Elle a reçu une nouvelle inattendue et bouleversante alors qu'elle se berçait tranquillement. Cette nouvelle l'a renversée. Qu'a-t-elle fait ?

Elle n'est pas tombée des nues.

15

Un autocar part de Québec à midi et se dirige vers Montréal.

En même temps, un autre autocar quitte Montréal pour Québec.

L'autocar qui part de Montréal roule plus rapidement que l'autre.

Lequel des deux autocars sera plus près de Québec lors de leur rencontre ?

Qui est trop rapide brise sa monture.

16

Ce dessin montre un verbe. Quel est-il ?

Le vôtre est au complet.

17

Qu'est-ce qui est au milieu du cou ?

Coupez la poire en deux.

18

Machina et Voitura habitent la même rue, et la différence entre leur deux adresses est de 12. Quand elles regardent la télévision, elles sont environ à 2 kilomètres l'une de l'autre.

Comment cela se fait-il ?

C'est la même distance quand elles cuisinent.

19

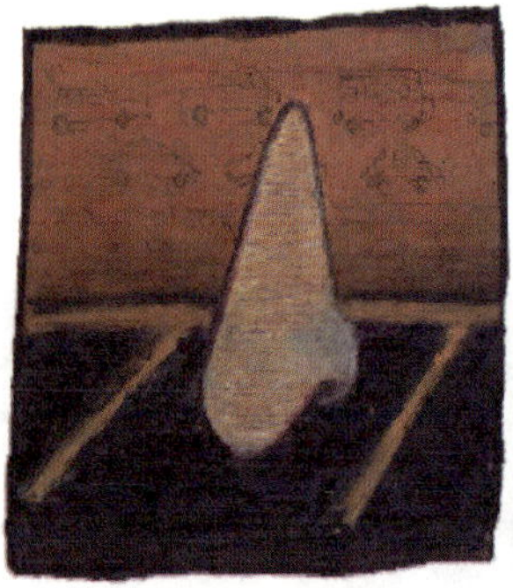

Comment appelle-t-on un nez dans un stationnement ?

Quel est l'état d'une voiture dans un stationnement ?

20

Ce dessin montre une expression. Quelle est-elle ?

Attention de ne pas tomber.

21

Qu'est-ce qui tombe plus tôt l'hiver que l'été ?

Ça ne fait pas mal.

22

Lorsque les boules de billard sont placées dans le triangle, on voit 5 boules de chaque côté. Une mouche part d'un coin et marche sur les boules du pourtour. Elle fait ainsi 2 tours. Sur combien de boules aura-t-elle marché à la fin de son deuxième tour ?

Il n'est pas nécessaire de savoir jouer au billard.

23

Un frère et une sœur sont nés, le garçon, à 23 h 55 et la fille, à minuit 5. Ils ne sont ni jumeaux ni triplés ; mais, ils sont nés le même jour.

Expliquez cela.

Aucun n'est né dans une année bis-sextile. Chacun est bébé unique.

24

Qui suis-je ?
Je suis un animal domestique.
Je suis de loin un ami.
Je suis un homme heureux.

Je ne suis pas celui qui suit.

25

Ce dessin montre une expression. Quelle est-elle ?

Restez en place.

26

Deux jumelles, Vaillante et Paresseuse, sont nées à 12 minutes d'intervalle avant minuit. Paresseuse est devenue majeure un an après Vaillante.

Comment cela se fait-il ?

Elles sont jumelles l'une de l'autre.

27

Quel fruit trouve-t-on dans une salle de bains ?

> Ce fruit ne manque pas d'eau.

28

Un jour de pluie, Lampion Éteint porte ses bottes de travail au dépanneur. La caissière lui dit qu'il s'est trompé d'endroit. Elle lui suggère d'aller dans la boutique voisine.

Quelle est la boutique voisine ?

> Il faut dire que ses bottes sont en mauvais état.

29

Rapido a pris moins de 5 secondes pour trouver le résultat de la multiplication des 10 chiffres. Tentez de battre ce record en fournissant le résultat.

> N'oubliez pas de chiffres.

30

Deux voitures, une rouge et une bleue, partent du même endroit à Montréal pour se rendre à Sherbrooke. Elles roulent toutes deux à la même vitesse moyenne sans faire d'arrêt. La voiture rouge, plus puissante, est arrivée exactement 10 minutes avant l'autre.

Comment cela se fait-il ?

Ne vous laissez pas impressionner par les couleurs.

31

Découvrez une expression.

Ça n'a pas de prix.

32

Vous possédez 3 chats mauves, 2 chats violets et un chaton jaune pâle. Un des chats mauves s'est perdu dans le parc.

Quelle est la couleur des yeux du propriétaire du pauvre petit chat égaré ?

Avez-vous déjà eu
autant de chats coloriés ?

33

Double-B a double-T sa mère.

Reconstituez cette phrase.

Tournez votre langue deux fois.

34

Drôle Decon n'a pas son pareil pour se faire remarquer. Il aime se promener sur la plage de telle sorte qu'il est parfois con, parfois incon.

Dans quel état se trouve Drôle Decon ?

Je suis certain que vous ne feriez pas cela.

35

Les sonneries qui annoncent le début des cours dans les écoles ont une drôle de morale : *Faites ce que je ne fais pas.*

Pourquoi dit-on qu'elles ont une drôle de morale ?

Les sonneries d'écoles ont le mérite d'être assidues.

36

Ce dessin montre une expression, quelle est-elle ?

Les artistes comprennent bien.

37

Chatoyante a un petit chat dégriffé. Elle a réfléchi pour donner un nom à son petit chat. Aujourd'hui, elle peut dire que son nom est beau.

Quel est le nom du chat ?

Même s'il avait ses griffes, il aurait pu avoir le même nom.

38

Décodez ce message.

DÉ + MER = - DE + MES

Il en faut au moins une pour écrire.

39

Découvrez un verbe dans cette illustration.

On aurait pu écrire 2001.

40

Beau Voyeur assiste à un spectacle. À un moment donné, il a hâte que ce soit terminé. Alors, monsieur Voyeur se déplace tout en continuant à regarder. Cinq minutes plus tard, le spectacle se termine pour lui, mais pas pour ses copains.

Quel genre de spectacle est-ce ?

Il n'a pas manqué une seconde du spectacle.

41

Cerf Volant a vu une file de pigeons. Un pigeon est derrière 3 pigeons. Deux pigeons sont derrière 2 pigeons.

Combien y a-t-il de pigeons en tête ?

Le calcul ennuie parfois l'esprit.

42

É. Perlan dit à Paire Chaude :

— Je reviendrai te voir à mi-chemin entre vendredi et lundi.

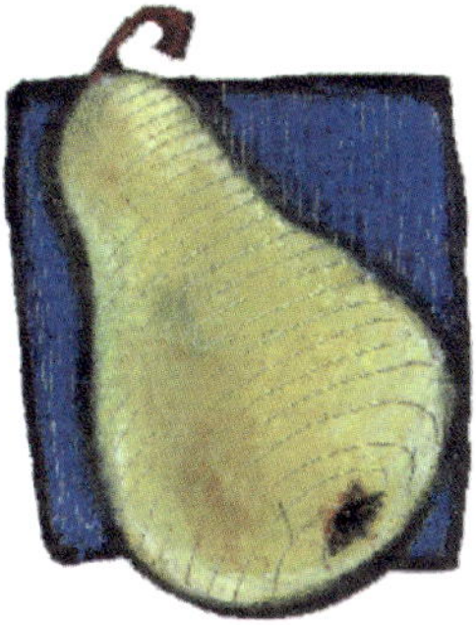

Quand la rencontre aura-t-elle lieu ?

Ne coupez pas la poire en deux.

43

Mon premier est fait par mon second quand ce dernier se déplace.

Mon tout se trouve dans les bureaux.

Qui suis-je ?

Mon premier est pas entier.

44

Comment appelle-t-on un homme à terre ?

Cet homme n'a pas besoin de se relever.

45

Gobe-Sous va faire des courses. En revenant, il déclare :

— Il ne me reste que des miettes dans mes poches.

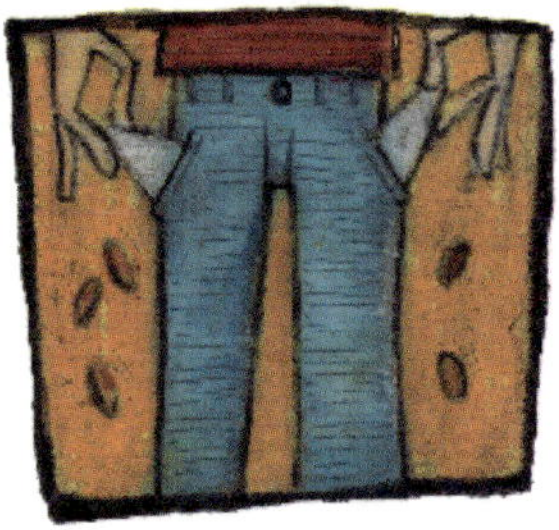

Pour Gobe-Sous, cela veut dire qu'il lui reste 5 $ ou moins. Son ami Avale-Sous fouille dans ses poches et dit :

— Moi aussi, il ne me reste que des miettes.

Après avoir bien vérifié, les deux amis affirment qu'ils ont plus de 9,99 $ dans leurs poches.

Expliquez.

Personne ne triche.

46

On a posé un second bras à une navette spatiale. Depuis ce temps, on dit que la navette a changé de propriétaire. Pourquoi ?

Chaque bras en a une.

47

Volubile parle sans arrêt sans trop penser à ce qu'elle dit. Son miroir l'interpelle et lui dit :

— Volubile, tu devrais faire comme moi. Tu cesserais de parler autant.

Que veux dire le miroir en invitant Volubile à faire comme lui ?

Un miroir peut faire mieux que de parler.

48

Noctant Bulle adore les jeux de jetons, son fils aussi. Noctant aime déplacer ces petites merveilles. Il joue l'après-midi et rejoue le soir avec son fils.

Quel surnom donne-t-on à son fils ?

Avez-vous déjà rejoué avec des jetons ?

49

Découvrez un mot dans cette illustration.

Elle est toute petite.

50

Je suis masculin ; si on m'ajoute une lettre, je suis Québécoise.

Qui suis-je ?

On ne pourrait pas dire la même chose d'une Ontarienne.

51

Mon premier permet de se défendre. Si j'ajoute L au début de mon premier, mon deuxième s'écoule. Si j'ajoute A au début de mon deuxième, ça vient de sonner.

Quel est mon premier?

Quand ça sonne, il faut déguerpir au plus vite.

52

Entre 1 et 100, quel est le plus grand nombre après 50 ?

> Le 100 ne comprend pas.

53

Déchiffrez cette phrase.

$$+\,1\ \frac{\text{RIZ}}{\text{CHAT}} + \frac{\text{RIZ}}{1} \qquad \frac{\text{PIRÉE}}{\text{VA}}$$

> Avez-vous déjà vu un chat qui mange du riz ? À moins que ce soit à Pirée ?

54

Marin Gouin est un jeune marin au pied de l'échelle.

Quel est son mets préféré ?

C'est une échelle virtuelle.

55

Un fils de ma grand-mère maternelle a épousé une fille de mon grand-père paternel. Est-ce possible ?

Il n'y a pas de conflit de génération.

56

Découvrez un mot dans cette illustration.

Savez-vous compter vos sous ?

57

Fort Sonné est un détenu. On le compare, comme les autres détenus, à une abeille.

Pourquoi ?

Fort Sonné va parfois au trou.

58

Parmi les mots définis dans le dictionnaire, quel est le mot court entre soixante et un ?

Ce n'est pas soixante et demi.

59

Je suis le premier de Montréal et le dernier du forum.

Qui suis-je ?

Y a-t-il une relation entre Montréal et forum ?

60

Con Promis écrit 10, 11, 12, 13, 14 et ainsi de suite.

Quel est le 9e chiffre après 9 ?

Restez dans votre jardin.

61

Araignée et Fourmi partent en voyage. Araignée parcourt 100 kilomètres en 2,30 heures. Fourmi fait le même trajet en 2 heures 20.

Qui va le plus vite ?

Moins ça prend de temps, plus ça va vite.

62

Elle est vêtue de blanc. Elle peut être droite et incisive.

De qui s'agit-il ?

Sa robe est parfois tachée.

63

Institut Trice demande à Petit Mousse de compter de 2 à 20. Petit Mousse s'arrête au 10e nombre. Il a terminé. Comment cela se fait-il ?

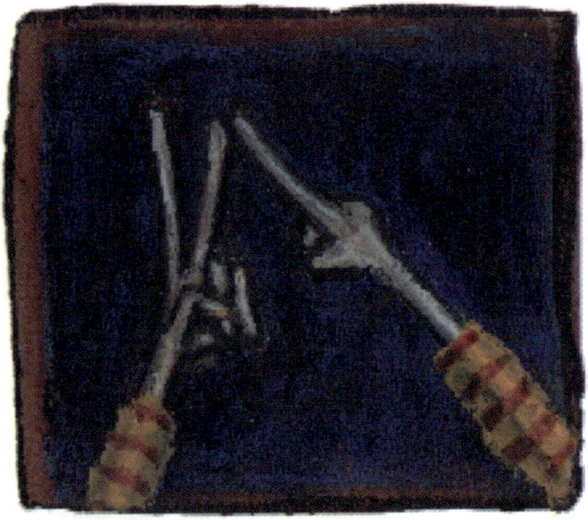

Petit Mousse est un peu paresseux.

64

Avocat Thier a reçu huit plaintes de sa voisine Furie Bonde. Il en était plutôt heureux. Il fit venir un spécialiste qui en disposa une dans chaque pièce. De quoi s'agit-il ?

Ai-je commis une erreur ?

65

Une vingtaine d'élèves se promènent tranquillement dans la cour de l'école. Ils écoutent les oiseaux chanter et les voisins qui crient à propos de tout et de rien.

Au maximum, combien y a-t-il d'élèves dans la cour ?

Ne les comptez pas un par un.

66

Il pleut. Para Pluie entre dans le bar et dépose son sac à dos. Il commande, mais le serveur refuse de le servir. En regardant derrière le comptoir, Para Pluie comprend pourquoi le serveur ne peut accéder à sa demande. Pourquoi ?

Para Pluie est légèrement maigrelet.

67

Mon troisième est T. Mon deuxième est vos. Mon premier est nous. Mon tout est parfois original.

Qui suis-je ?

Ne vous laissez pas impressionner par mon tout.

68

Découvrez un mot dans cette illustration.

Il tire de l'eau partout.

69

Déchiffrez cette phrase :

$$\frac{\textbf{CI}}{\textbf{DÉ}} \quad \textbf{PAR} \quad \textbf{x} \quad \frac{\textbf{FRIRE}}{\textbf{FONT}}$$

Impossible de frire.

70

Quelle sera l'année du XXIe siècle où la très grande majorité des gens pourront trouver leur âge sans retenue ?

À moins d'être centenaire.

71

Équi Libriste et ses 5 frères vivent dans 3 villes différentes. Équi habite la ville où il y a le plus de frères. Au maximum, combien y a-t-il de frères dans la ville d'Équi ?

Les amis de mes amis sont mes amis.

72

Découvrez un mot dans cette illustration.

Il ne parle pas toujours français.

73

Ali Ment est un mal entendant assez sévère. Il fait souvent du bruit, sans s'en inquiéter. Toutefois, le midi en mangeant, Ali est très peu bruyant.

Pourquoi ?

Ali n'est pas sévère ;
c'est plutôt son handicap.

74

Je suis au début de chaque siècle et à la fin de toutes les bonnes choses. Si je suis là, je deviens las.

Qui suis-je?

Il y en a plusieurs.

75

Mon premier est con. Mon second est *pacté*. Mon tout rapetisse.

Mon tout réduit l'espace.

76

Qu'est-ce qui vient avant après-midi ?

Il n'est pas midi.

77

On dit que le ré de la gamme est très obéissant. Pourquoi ?

Demandez à son voisin.

78

C'est un mot qui précède tard. Quand le tout démarre, ça y va en grand.

Quel est ce mot ?

Quand il a tort,
ça lui donne des maux de tête.

79

Ce dessin montre un proverbe. Quel est-il ?

Ne parlez pas trop fort.

80

Être mineur n'est pas toujours excitant. Deux mineurs, Péri Mètre et Circon Férence entrent dans une succursale de la Société des alcools. Ils choisissent chacun une bouteille de spiritueux et se rendent au comptoir. Le commis leur demande leur carte d'identité et les autorise à acheter.

Pourquoi ?

Ils ne sont pas les amis du caissier, et lui ne les connaît pas. Pourtant, il a raison.

81

Oubliez ce que je viens de dire. Oubliez ce que vous venez de lire. Combien de mots forment cette phrase ?

N'oubliez pas d'oublier.

82

Ado Lescent et son frère ont promis à leurs parents de rentrer avant minuit. Mais ça ne s'est pas passé comme prévu.

Qu'est-ce qui arrive après minuit et quart ?

Les deux frères sont entrés à minuit 10 minutes exactement.

86

Mignonnette est une chatte qui est la sœur de son frère de chat. Mignonnette adore capturer des souris.

Quel est son métier ?

Leur mère aime aussi la chasse.

87

Sans bouger aucun des segments dessinés et en ajoutant 2 autres segments, représentez 1.

Comment se prononce ce chiffre ?

88

Découvrez un mot dans cette illustration.

Il est tourné, le pauvre.

89

Il est plutôt grand que petit.

Qui est-il ?

Il n'est pas plus long que petit.

90

Ce dessin montre un proverbe. Quel est-il ?

Pas de compromis possible.

91

Résoudre des énigmes, ça remue les méninges. Si les méninges perdent une lettre et les autres sont mêlées, que deviennent-elles ?

Les consonnes ne sont plus en couple.

92

Qu'est-ce qui porte un dossier et 4 pieds ?

Le dossier n'est pas dans un sac à dos.

93

Dans une rue, près d'un trottoir, on peut lire sur une pancarte :

Que peut-on comprendre ?

Il n'y a pas d'erreur de frappe.

94

Pour le L ou P, un B ou C est un M et S.

— Curieuse phrase, en effet, de penser Ombragine.

Quelle est cette phrase ?

Toutes les lettres sont utiles et dans le bon ordre.

95

Ce dessin montre une expression. Quelle est-elle ?

On n'a pas à la tourner.

96

Comment appelle-t-on un spécialiste des coquilles ?

Pas besoin d'aller au bord du fleuve.

97

Dans une salle de billard, Bom a 3 cousins. Com a 2 cousins et Dom a 1 cousin.

Combien y a-t-il de personnes au minimum dans la salle ?

Imaginez que vous êtes Bom.

98

Découvrez un mot dans cette illustration.

Aimez-vous les échecs ?

99

Il passe la plus grande partie de son temps à dresser des souris. Son langage et ses ordres ne sont pas toujours compréhensibles.

Quel est son métier ?

Ne souriez pas. Il sait ce qu'il fait.

100

Qu'est-ce qui arrive en tête, même si ce n'est pas toujours prévu ?

Ça arrive souvent en éclairs.

101

Qu'est-ce qui arrive le plus souvent en l'an 2000 ?

Il est nulléron,
c'est-à-dire nul et rond.

102

Y. Valoin et Y. Volant prennent une course. Valoin est beaucoup plus rapide que Volant. Après environ 2 minutes, Valoin a parcouru 200 mètres de plus que Volant. Après 5 minutes exactement, ils se rencontrent.

Comment cela se fait-il ?

Ne soyez pas attiré par leur performance.

103

Ado Rable est en train de lire un livre. Elle note le mot PAYS mais n'écrit pas le numéro de page. Le lendemain, elle reprend le même livre et trouve rapidement le mot.

Comment cela se fait-il ?

Ce n'est pas un livre d'histoire.

104

Ce dessin montre un proverbe. Quel est-il ?

Ce n'est pas la nuit.

105

Qu'est-ce qui arrive 1 fois dans une minute et 2 fois dans une heure ?

Il y a 60 minutes dans une heure.

106

La différence entre 0,2 et 0,3 est 0,1. La différence entre 0,4 et 0,7 est 0,3. Quelle est la différence entre 0,6 et 0,10 ?

Ne répondez pas trop vite.

107

Découvrez un mot dans cette illustration.

La nuit porte conseil et empêche de faire un tel acte.

108

Il est de ces périodes où l'emploi est plus difficile à trouver. Il arrive souvent que, pendant ce temps, des personnes poursuivent des études plus avancées.

Une avocate a-t-elle plus de lettres qu'une chômeuse ?

Probablement que l'avocate reçoit plus de lettres par la poste que la chômeuse ; mais, là n'est pas la question.

109

L'alimentation est riche en vitamines. Les vitamines ont été découvertes au début du XXe siècle. D'où viennent les fraises des champs ?

Ce n'est pas enchanteur.

110

Depuis l'arrivée du troisième millénaire, Vincent est extrêmement heureux. Il croit vraiment vivre à son époque.

Quelle en est la raison ?

Vincent s'est transformé en facteurs.

111

Grand Pas gare sa voiture en A dans le sens indiqué. Petit Pas gare sa voiture en B dans le sens indiqué. Grand reçoit une contravention, tandis que Petit n'en reçoit pas.

Expliquez cela.

Tous les deux sont bien garés.

112

L'un des 2 fils de ma grand-mère paternelle a épousé l'une des 3 filles de mon grand-père maternel. Combien ai-je d'oncles et de tantes consanguins, c'est-à-dire en excluant les oncles et les tantes par alliance ?

2 plus 3 font 5. C'est vrai, mais ce n'est pas la bonne réponse.

113

Simone est assise le long de la rivière Rimouski attendant Simon qui se trouve un kilomètre plus haut. Simon dépose une bouteille dans la rivière. À l'intérieur, un message dit : « À bientôt, Simone, soit dans 20 minutes. Je t'aime, Simon. » Simon suit lentement le cours de la rivière. Un peu plus tard, Simone voit la bouteille et la recueille. Puis, elle va à la rencontre de Simon.

Quelle est la distance totale parcourue par Simon et Simone ?

Déversez les mots inutiles dans la rivière.

114

Ce dessin montre une expression. Quelle est-elle ?

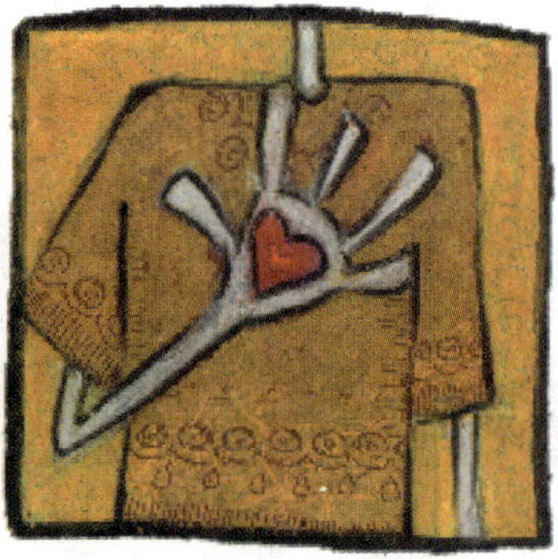

Je vous offre cette énigme avec plaisir.

115

Voici un petit exercice de magie que vous pourrez tester auprès de vos amies et amis en leur demandant de répondre oralement : Prenez 1100. Additionnez 40. Additionnez 30. Additionnez 20. Additionnez 10.

Quel est le résultat ?

L'an 2000 a toujours attiré les gens.

116

Comment appelle-t-on une femme à problèmes ?

Il y en a dans les écoles.

117

Ce dessin montre une expression. Quelle est-elle ?

Relevez-vous.

118

Comment appelle-t-on une route à la mode ?

De jour en jour, on la suit.

119

Affamée se lève. Elle regarde son horloge. Il est 11 heures 30 minutes. Elle commande une pizza dans un restaurant. Ce dernier indique dans sa publicité que la livraison se fait en moins de 30 minutes ; sinon, c'est gratuit. Quand la livreuse arrive, l'horloge marque 1 heure 15 minutes. La livreuse exige, toutefois, d'être payée et elle a raison.

Que s'est-il passé ?

Affamée avait oublié quelque chose.

120

Comment appelle-t-on un nez de femme ?

On ne pourrait pas en dire autant du nez d'un homme.

121

Il a vécu toute une vie avec la première venue.

Qui est-il ?

Il était pomiculteur.

122

Qu’est-ce qui a six roues et un dérailleur ?

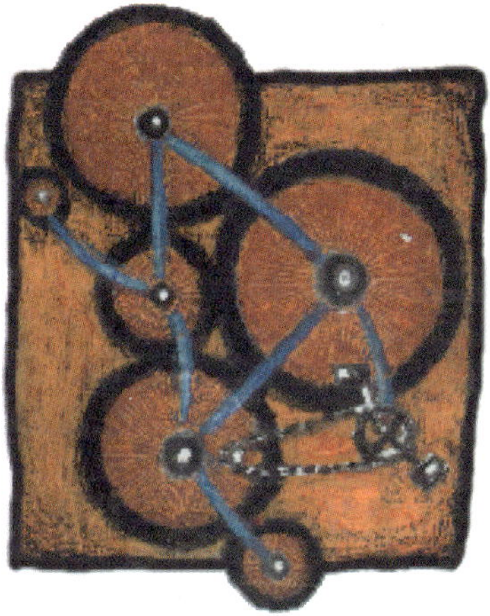

Ne déraillez pas. 3 bicyclettes ont 3 dérailleurs.

123

Larcin ne peut plus parler à son patron depuis deux mois. Son patron en est vexé. Depuis ce temps, Larcin est en peine.

Où est Larcin ?

Ce n’est pas la faute du patron.

124

Ce dessin montre une expression. Quelle est-elle ?

On peut le mettre ailleurs.

125

Quel métier permet de tricoter des gilets de couleurs variées ?

Ce pourrait être un giletier mais ici c'est un métier réel.

126

Madame Pimbêche rencontre son neveu dans la rue. Elle lui dit :

— Je n'aime pas ce que tu portes sur la tête. Tu devrais venir chez moi. J'arrangerais cela.

Quel est le métier de cette dame Pimbêche ?

Pourtant, le neveu ne porte pas sa casquette jaune pâle.

127

Comment appelle-t-on quelqu'un qui marche pied nu ?

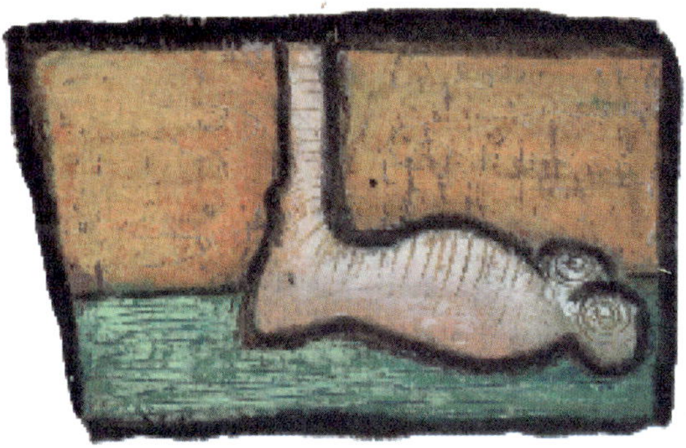

Ce n'est pas un piéton nudiste. Il n'en a pas les moyens.

128

Haricot vient d'acheter la ferme Les-Tiers. Malheureusement pour lui, sa situation se détériore chaque fois qu'il trait les vaches.

Pourquoi ?

Ah ! le bon lait, mais il faut l'extraire.

129

En vieillissant, la mémoire baisse quelque peu. Lui, il est exceptionnel. Sa mémoire augmente toujours.

De qui s'agit-il ?

Son nom n'est pas ordinaire.

130

Ce dessin montre une expression. Quelle est-elle ?

Avez-vous déjà été reçu ainsi ?

131

Pourquoi dit-on que le petit du lion est stupide ?

En vieillissant, il est moins stupide.

132

Line doit 100 dollars à Féline. Féline doit 100 dollars à Alcaline. Alcaline doit 100 dollars à Line. Aucune n'a d'argent.

Comment faire pour que chacune rembourse sa dette ?

Line est une vraie débrouillarde.

133

C'est un être imaginaire qui est pris entre le R et le T ?

Qui est pris qui voulait prendre.

134

Quatre voitures sont dans un parc de stationnement et vont bientôt en sortir. Le préposé au stationnement fait un signe et les 4 automobiles sortent du parc exactement en même temps.

Comment cela se fait-il ?

Les conducteurs ont disparu dans la brume.

135

Comment appelle-t-on la première femme ?

Ce n'est pas Ève.

136

Bougeotte est en plein milieu de la rue. Il gesticule abondamment, fait de grands signes avec les mains. Une auto-patrouille passe, le voit et n'arrête pas.

Pourquoi ?

Il est probable que vous ayez déjà vu Bougeotte.

137

Pourquoi un éboueur est-il tellement heureux ?

C'est vrai qu'il rend la ville propre ; mais, il y a plus que ça.

138

Ce dessin illustre un verbe. Quel est-il ?

La dernière fois que vous avez joué, était-ce un moment moins sombre dans votre vie ?

139

Qu'est-ce qui a le plus de flair ?

Ce n'est pas un chien policier.

140

Je suis très heureux de travailler avec lui. C'est un homme sympathique. Il fait toujours bonne impression.

De qui s'agit-il ?

Il n'est pas imprimeur.

Solutions

1. Le poisson d'avril.
2. Le mille-bornes.
3. La lettre N.
4. L'équivalent de cette phrase est : Je pense, donc je suis. Pour Pichet, c'est : Je panse, donc je suis.
5. Courir deux lièvres à la fois.
6. Il prend l'ascenseur. Il habite dans l'immeuble où il travaille comme agent de sécurité ou comme concierge.
7. Un chimiste. Il peut produire de l'air.
8. Il a eu un trou de mémoire (un trou dans le mot MÉMOIRE).
9. Cornichon a retourné la feuille. Voici ce qui est apparu :

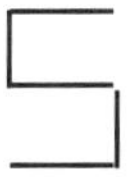

10. Ouragan (ours à gants).
11. Maladive n'est pas hospitalisée. Elle est venue consulter un médecin.
12. La cinquième lettre du mot AMOUR est R.

13. Aucune bouteille, car les caisses sont vides.
14. Elle est tombée de sa chaise.
15. Les deux autocars sont à égale distance de Québec, car ils se rencontrent.
16. Miner (mi-nez).
17. La lettre O.
18. L'une habite à l'est, l'autre, à l'ouest ou l'une habite au nord, l'autre, au sud dans la même rue.
19. Un égaré (nez garé).
20. Grimper dans les rideaux.
21. Le jour.
22. Il y a 12 boules sur le contour du triangle. Au deuxième tour, la mouche marche sur les mêmes boules. La mouche aura donc marché sur 12 boules.
23. Le frère et la sœur sont nés en des années différentes, mais le même jour de la semaine, par exemple, un jeudi.
24. C'est un homme. Un homme qui suit un animal domestique, qui

suit de loin un ami et qui est un homme heureux.

25. Avoir des fourmis dans les jambes.
26. Depuis quelques années, Vaillante habitait un pays ou une province où l'âge de la majorité est fixé à 18 ans, par exemple ; tandis que Paresseuse habitait dans un pays ou une province où l'âge de la majorité est de 19 ans.
27. Une pomme : la pomme de douche.
28. Une cordonnerie. Lampion avait apporté ses bottes pour les faire réparer.
29. Un multiplicateur est 0. 0 qui multiplie n'importe quoi donne 0.
30. La voiture bleue est partie 10 minutes après l'autre.
31. Être pris la main dans le sac.
32. C'est la couleur de vos yeux, car il est dit : *vous possédez.*
33. Bébé a tété sa mère.
34. Il est nu (connu ou inconnu).
35. Les sonneries appellent les élèves aux cours mais, elles n'y vont jamais.

36. Battre un record.
37. Beau, c'est son nom.
38. Déplumer égale (veut dire) moins de plumes.
39. Entarter (an-tarte).
40. C'est une parade.
41. Un seul pigeon est en tête, parce qu'ils sont en file.
42. Mercredi.
43. Papier (pas-pied).
44. Un géographe.
45. Ils ont chacun 5 $, donc 10 $ pour les deux.
46. Elle est *de seconde main.*
47. Le miroir invite Volubile à réfléchir. Lui, il réfléchit.
48. Rejeton (re-jeton).
49. Fourmi (four-mi).
50. Un Québécois. On ajoute la lettre e.
51. Arme (larme, alarme).
52. Le nombre est 99.
53. Plus un chat sourit, plus une souris va soupirer. (+ 1 CHAT sous RIZ plus 1 sous RIZ VA sous PIRÉE).

54. Il préfère les sous-marins.

55. Oui, c'est possible. Un fils de ma grand-mère maternelle est le frère de ma mère. Une fille de mon grand-père paternel est la sœur de mon père. Le frère de ma mère a épousé la sœur de mon père.

56. Distrait (dix traits).

57. Les détenus et les abeilles vivent dans des cellules.

58. Le mot cherché est ET. Il est entre soixante ET un.

59. Le M.

60. Le 9e chiffre est le 1 de 14. Il a écrit des nombres de deux chiffres.

61. Araignée a fait le trajet en 2 heures 18 minutes (30 centièmes de 60 est 18). C'est Araignée qui va le plus vite.

62. Une dent.

63. Il a compté par bonds de 2, soit 2, 4, 6, 8, 10 jusqu'à 20.

64. Il s'agit de plinthes chauffantes. Le mot a été mal orthographié.

65. Le dernier nombre dans la vingtaine est 29. Au maximum, il y a 29 élèves.

66. L'indice vous a-t-il aidé (maigre-lait) ? C'est un bar laitier.

67. Nouveauté (nous-vos-T).

68. Pompier (pont-pied).

69. Des soucis parfois font souffrir. (DÉ sous CI PAR fois FONT sous FRIRE).

70. En l'année 2099. Pour trouver son âge, on soustrait l'année en cours avec l'année de sa naissance. En 2099, on pourra soustraire sans effectuer une retenue, à moins d'être centenaire.

71. Ils sont six frères. Un vit dans une ville ; un autre dans la deuxième ville et les quatre autres dans la ville la plus populeuse. J'espère que vous n'avez pas répondu : trois frères. En répondant cela, vous avez oublié le pauvre Équi Libriste.

72. Anglophone (angle-eau-phone).

73. Il mange en sourdine (sourd dîne).

74. La lettre S.

75. Compacter (con pacté). Vous pensez que je suis con ou que je suis pacté. Je ne suis ni l'un ni l'autre. Rassurez-vous.

76. Le mot AVANT.

77. Il est soumis (sous mi).

78. MOTARD (mot tard).

79. Les murs ont des oreilles.

80. Les deux mineurs sont majeurs. Ils paraissent très jeunes et travaillent dans une mine.

81. Cette phrase est la phrase interrogative. Elle est formée de six mots.

82. Ha ! non ! Vous vous êtes encore fait prendre. Ce qui arrive après minuit, c'est *et quart*.

83. Farceur rit. Cabotin est sous ce Farceur qui rit. Donc Cabotin sourit.

FARCEUR
―――――
CABOTIN

84. Les deux ont des barreaux.

85. Constable (con stable).

86. Mignonnette est chasseur (chat sœur).

87. On complète un U et un N comme ceci :

88. Chaviré (chat-viré).

89. Le mot GRAND.

90. Œil pour œil, dent pour dent.

91. Elles deviennent ÉNIGMES.

    MÉNINGES et ÉNIGMES ont les mêmes lettres dans un autre ordre, sauf que ÉNIGMES a un seul N.

92. Une chaise.

93. C'est la compagnie Les Toitures du Nord qui a posé cette pancarte. L'erreur a été de donner la même taille à toutes les lettres, si bien qu'on pense que le mot TOITURES a été mis pour VOITURES.

94. Pour le loup, un bouc est un mets. Des espaces ont été placés sans raison.

95. Donner sa langue au chat.

96. Un réviseur de textes. Les coquilles sont des erreurs d'écriture.

97. Il y a en tout 4 personnes. Imaginez-vous que vous êtes Bom. Vous avez 2 cousins du côté de votre mère (Com et un quatrième cousin) et un cousin du côté de votre père (Dom). Vous êtes alors le seul cousin de Dom tandis que les deux cousins de Com sont un quatrième cousin et vous.

98. Vautour (veau-tour).

99. Il est informaticien.

100. Les idées. Elles sont parfois lumineuses.

101. Le zéro. Il arrive 3 fois.

102. Ils sont sur une piste circulaire.

103. Le livre est un dictionnaire.

104. Qui dort dîne.

105. La lettre E.

106. Vous avez probablement répondu 0,4. En réalité, la différence est 0,5, puisque 0,10 est égal à 0,1.

107. Délit (dé-lit).

108. Le mot AVOCATE contient 7 lettres et le mot CHÔMEUSE en contient 8. La chômeuse a donc plus de lettres.

109. Les fraises des champs viennent du fraisier.

110. Le troisième millénaire commence par les années 2000. Par ailleurs, Vincent signifie 20 x 100 = 2000.

111. La rue est à sens unique dans le sens des voitures. Petit a mis de l'argent dans le parcomètre. Grand n'en a pas mis.

112. Le fils de ma grand-mère paternelle est soit le frère de mon père ou mon père. J'ai donc 1 oncle. La fille de mon grand-père paternel est une sœur de ma mère ou ma mère. J'ai donc 2 tantes.

113. Peu importe leur temps de déplacement, Simon et Simone se rencontreront en un point tel qu'ils auront parcouru à eux deux une distance totale d'un kilomètre.

114. Avoir le cœur sur la main.

115. Le résultat est 1200. Il est fort probable que la réponse qu'on vous donnera soit 2000.

116. Une mathématicienne.

117. Tomber dans les pommes.

118. Une routine (route in).

119. Le changement d'heure devait se faire pendant la nuit. Affamée l'a fait après avoir commandé sa pizza. La livraison a été faite 15 minutes après l'appel.

120. Un efféminé (nez féminin).

121. Adam, le premier homme.

122. Une bicyclette sur une voiture.

123. Larcin est en prison.

124. Mettre un pied dans la porte.

125. Le métier à tricoter.

126. Cette dame est coiffeuse. Les cheveux de son neveu sont d'une couleur ou d'une forme qu'elle n'aime pas. Son salon de coiffure est dans sa résidence.

127. Un unijambiste. Il a un seul pied. Autrement, il faut écrire pieds nus.

128. Quand il trait les vaches, il va de pis en pis.

129. L'ordinateur. On fabrique des ordinateurs qui ont de plus en plus de mémoire.

130. Recevoir quelqu'un comme un chien dans un jeu de quilles.

131. C'est un lionceau (lion sot).

132. Line emprunte 100 dollars. Elle les donne à Féline qui, à son tour, les donne à Alcaline. Cette dernière donne les 100 dollars à Line qui rembourse son emprunt. Le tour est joué.

133. Un esprit (S pris).

134. Les quatre voitures sont placées dans un camion remorque.

135. On l'appelle ex. Si elle est première, c'est qu'il y en a une deuxième.

136. C'est un agent qui dirige la circulation.

137. Il fait la vie d'ange (vidange).

138. Défoncer (Dé foncé).

139. Le nez.

140. Il s'agit de l'éditeur de ce livre.

Des livres pour toi
aux Éditions de la Paix

127, rue Lussier
Saint-Alphonse-de-Granby, Québec
J0E 2A0
Téléphone et télécopieur
(450) 375-4765
Courriel **info@editpaix.qc.ca**
Visitez notre catalogue électronique
www.editpaix.qc.ca

Collection
PETITE ÉCOLE AMUSANTE

Charles-É. Jean
- **Question de rire, 140 petites énigmes**
- **Remue-méninges**
- **Drôles d'énigmes**

Robert Larin
- **Petits Problèmes amusants**

Virginie Millière
- **Les Recettes de ma GRAM-MAIRE**

Collection DÈS 6 ANS

Raymond Paradis

Le Petit Dragon vert

Le Piano qui jouait tout seul

Claire Daignault

Tranches de petite vie chez les Painchaud

Philippe Jouin

Auguste

Jacinthe Lemay

Zorteil, la mouffette de Pâques

Avec livre-terrain-de-jeux pour la lecture et cassette de la *Chanson du courage* (paroles et musique)

Josée Ouimet

Le Paravent chinois

Yvan DeMuy

Sacré Gaston !

Avec cahier d'exploitation pédagogique (nouveau programme)

Francine Bélair

Mamie et la petite Azimer

Odette Bourdon

Shan et le poisson rouge

Dominic Granger

Bichou et ses lunettes

Collection DÈS 9 ANS

Réjean Lavoie

Chauve-souris sur le Net

suite de...

Clonage-choc

Manon Plouffe

Le Rat de bibliothèque

Clara se fait les dents

Guides d'accompagnement pour la lecture disponibles pour les 2 titres

Manon Boudreau

La Famille Calicou

Le Magicien à la gomme

Maryse Robillard

Chouchou plein de poux

Rita Amabili Rivet

Voyage sur Angélica

Avec pièce de théâtre

Josée Ouimet

Passeport pour l'an 2000

Jean-Marie Gignac

La Fiole des Zarondis

Isabel Vaillancourt

L'Été de tous les maux

Jean Béland

Un des secrets du fort Chambly

Adieu, Limonade !

Avec guide d'accompagnement pour la lecture

Louis Desmarais

Tempêtes sur Atadia

Tommy Laventurier

Le Bateau hanté

Indiana Tommy

L'Étrange Amie de Julie

Sélectionné par Communication jeunesse

Avec guide d'accompagnement pour la lecture

Francine Bélair

Les Dents d'Akéla

Sélectionné par Communication jeunesse

Collection ADOS/ADULTES

Marcel Braitstein

Saber dans la jungle de l'Antarctique

suite de...

Les Mystères de l'île de Saber

Suzanne Duchesne

Nuits occultes

Viateur Lefrançois

Les Inconnus de l'île de Sable

L'Énigme de l'œil vert

Jean-Pierre Gagnon

Don Quichotte Robidoux

Avec guide d'accompagnement pour la lecture

Renée Amiot

L'Autre Face cachée de la Terre

La Face cachée de la Terre

Une Seconde chance

Avec guide d'accompagnement pour la lecture et pièce de théâtre

Isabel Vaillancourt

sr@fantome.com À vos risques et périls

Gilles Lemieux

Argent double et agent double

Paula Nadeau

Cauchemar sur la ville

Hélène Desgranges

Le Rideau de sa vie

Le Givré

Steve Fortier

L'Île de Malt

Collection JEUNE PLUME

Hélène Desgranges

Choisir la vie

Collectifs

Pour tout l'Art du jeune monde

Parlez-nous d'amour

Collection RÊVES À CONTER

André Cailloux

Les Contes de ma grenouille

Diane Pelletier

Murmures dans les bois

Rollande Saint-Onge

Petites Histoires peut-être vraies
(Tome I)

Petites Histoires peut-être vraies
(Tome II)

Petits Contes espiègles

Ces trois derniers titres ont un guide d'animation pour les adultes